Gabriele Redden

Die besten Smoothies

Bassermann

Inhalt

Fruchtige Fitmacher

Während eines sehr heißen Sommers habe ich damit begonnen, fruchtige Smoothies zu mixen. Zunächst nur als Erfrischungsgetränke gedacht, haben sie vor allem die Kinder begeistert. Doch im Lauf der Zeit wurde mir klar, dass ich alle meine Lieben auf diese Weise mit wichtigen Vitaminen versorgen konnte. Seither stehen Smoothies täglich auf unserem Speiseplan.

Anfangs habe ich nur Früchte miteinander gemischt, kombiniert mit Eiscreme, Nüssen und Getreideflocken, aber bald darauf experimentierte ich auch mit Gemüse und Kräutern, mal mit und mal ohne Früchte. Viele Smoothies habe ich mit Joghurt, Vollmilch, Reis- oder Mandelmilch ergänzt und dadurch mit zusätzlichen Mineralstoffen und Vitaminen angereichert.

Dann kamen Zutaten wie Acai- und Gojibeeren, Maca- oder Lucuma-Pulver hinzu, die dem Geschmack dienen und von Experten sogar als Superfoods bezeichnet werden. Denn sie enthalten viele wichtige Vitalstoffe in so hoher Konzentration, dass man nur kleine Mengen braucht, um die positive Wirkung zu spüren: Man fühlt sich voller Energie und geistig wendiger.

Aber das Tollste ist, dass Smoothies schnell zubereitet sind und fantastisch schmecken. So gut, dass man süchtig nach diesem täglichen Energieschub werden könnte. In einem Satz: Smoothies machen gesund und fit. Probieren Sie es aus!

Ihre

Gabriele Redden

Die Welt der Powerdrinks

Warum Smoothies so gut für uns sind

Smoothies aus Obst oder Gemüse versorgen uns mit Extraportionen von Vitaminen, Mineralstoffen, sekundären Pflanzenstoffen und Antioxidantien, die uns leistungsfähiger und gesünder machen. Wer täglich einen Smoothie trinkt, wird sich bald fitter fühlen und gute Laune haben.

Wunderbarerweise sollen sie auch dem Alterungsprozess entgegenwirken und das nicht zu Unrecht. Denn die erwähnten Antioxidantien sagen den Feinden unserer Gesundheit den Kampf an. Sie machen freie Radikale unschädlich, die die Alterung vorantreiben. Diese wichtigen kleinen Kämpfer sind zuhauf in jedem Smoothie enthalten.

Die wichtigsten Helfer

Ein Muss für Smoothies ist der Mixer. Zunächst tut es ein Stabmixer. Wer dieses gesunde Getränk aber häufiger zubereiten will und auch Eiswürfel verwendet, braucht einen Standmixer mit mindestens 1400 Watt bzw. 24.000 Umdrehungen. Die Kosten liegen zwischen ca. 170 und 250 Euro. Smoothie-Perfektionisten schaffen sich im Lauf der Zeit vielleicht einen Hochleistungsmixer an, der beste Ergebnisse liefert. Hilfreiche Informationen über diese Geräte finden Sie auf Seite 76 unter den Bezugsquellen.

Weitere nützliche Helfer sind ein scharfes Messer, ein ordentliches Schneidebrett (Plastik ist hygienischer als Holz) und einige Eiswürfelbereiter. Wenn Sie neue kaufen, nehmen Sie am besten die mit Deckel, damit die Fruchtsäfte, Tees etc. vor dem Gefrieren nicht auslaufen können und die fruchtigen Eiswürfel keine Fremdgerüche annehmen.

Die besten Zutaten

Um die ernährungsphysiologisch wertvollsten Smoothies zu machen, rate ich Ihnen, Früchte und Gemüse möglichst aus ökologischem Anbau zu verwenden. Es sei denn, Sie können Gesundes aus dem eigenen Garten ernten. Auch gegen gefrorene Früchte aus der Tiefkühltruhe im Supermarkt ist nichts einzuwenden, doch sollte es sich auch dabei möglichst um Bioprodukte handeln.

Flüssigkeiten wie Vollmilch, Mandelmilch, Reismlich, Joghurt und Säfte machen den Smoothie erst trinkbar, aber das ist nicht ihre einzige Funktion. Sie bereichern das Getränk mit vielen weiteren Vitaminen und Mineralstoffen und balancieren den Geschmack aus. Die Mengenangaben in den Rezepten sind nur Empfehlungen, die Sie jederzeit verändern können.

Was die Zusätze wie Gojibeeren, Acaibeeren- oder Macapulver etc. betrifft, so handelt es sich dabei um hochwertige pflanzliche Stoffe in hoher Konzentration, die den Smoothies geschmacklich einen Kick, aber vor allem einen enormen Vitalstoff-Schub geben. Sie erhalten sie im Reformhaus, in Bio- oder Asienläden sowie bei Online-Händlern (s. Seite 76). Sie können sie aber auch einfach weglassen.

Mischen Sie Früchte und Gemüse nach Herzenslust, denn meine Rezepte sind nur Anregungen. Sie werden schnell herausfinden, dass eigene Zusammenstellungen auch wunderbar schmecken.

Für mehr Süße

Wichtig ist, dass Sie nur reife Früchte verwenden. Die sind meistens süß genug, zumindest für meinen Geschmack. Aber was süß ist, wird von jedem anders empfunden, wer also nachsüßen möchte, dem empfehle ich Honig oder Stevia. Steviaextrakt oder Steviapulver hat keine Kalorien, keine Kohlenhydrate und, soweit man bisher weiß, keine die Gesundheit beeinträchtigenden Nebenwirkungen. Trotzdem: Verwenden Sie davon nur kleine Mengen, denn Stevia ist acht Mal so süß wie Zucker und hinterlässt einen leicht bitteren Nachgeschmack, wenn Sie zu viel davon nehmen. Natürlich ist aber auch gegen Zucker, Sirup oder Dicksaft nichts einzuwenden. Grundsätzlich gilt: Schmecken Sie den Smoothie immer ab, bevor Sie ihn in Gläser gießen, denn schließlich soll er Ihnen munden.

Fruchtige Smoothies

Frucht-Smoothie zum Frühstück

Zutaten für 2 Portionen

1 Banane (Fruchtmenge ca. 120 g)
125 g frische oder gefrorene Erdbeeren
125 g frische oder gefrorene Blaubeeren
100 ml Buttermilch (1 % Fett), alternativ
Mandel- oder Reismilch
2 EL Schmelzflocken
Honig oder Stevia nach Geschmack

Außerdem
2 Holzspießchen
2 dicke Strohhalm

1 Die Banane schälen, in Scheiben schneiden und in den Mixer geben.

2 Die gefrorenen Beeren auftauen, die frischen Beeren waschen, gut abtropfen lassen und trocken tupfen. Von den Erdbeeren die Kelche mit einem scharfen Messer herausschneiden und die Früchte klein schneiden. 2 Erdbeeren halbieren und mit 4 Blaubeeren beiseitelegen. Restliche Beeren zu den Bananen in den Mixer geben und auf höchster Stufe pürieren.

3 Buttermilch (Mandel- oder Reismilch) und Schmelzflocken zufügen und nochmals pürieren. Die beiseitegelegten Beeren auf die Spießchen stecken. Smoothie nach Geschmack mit Honig oder Stevia süßen, in 2 Gläser gießen, die Spießchen darüberlegen. Mit den Strohhalmen servieren.

Nährwerte pro Portion: kcal 174, EW 4 g, F 2 g, KH 35 g

Noch fruchtiger wird das Getränk, wenn Sie Orangensaft statt Buttermilch verwenden und statt Schmelzflocken ungesalzene, gehackte Cashewnüsse nehmen.

Power-Smoothie zum Wachwerden

Zutaten für 2 Portionen

10 ungesalzene Cashewnüsse
125 ml Apfelsaft
150 g frische oder gefrorene Brombeeren
50 g frische oder gefrorene Blaubeeren
2 TL Vanilleextrakt
Honig oder Stevia nach Geschmack

Außerdem
2 Holzspießchen
2 dicke Strohhalme

1 Die Cashewnüsse hacken, mit dem Apfelsaft in den Mixer geben und auf höchster Stufe pürieren.

2 Die gefrorenen Beeren auftauen, die frischen waschen, gut abtropfen lassen. Je 4 Brombeeren und Blaubeeren beiseitelegen. Die Früchte im Mixer auf höchster Stufe pürieren. Vanilleextrakt hinzufügen und auf höchster Stufe kurz untermixen.

3 Die beiseitegelegten Beeren abwechselnd auf die Spießchen stecken. Smoothie nach Geschmack mit Honig oder Stevia süßen, in Gläser gießen und die Spießchen quer über die Glasränder legen. Mit den Strohhalmen servieren.

Nährwerte pro Portion: kcal 214, EW 3,5 g, F 14,5 g, KH 23,5 g

Ersetzen Sie den Apfelsaft durch eine Kugel Erdbeereis oder durch 125 g Erdbeerjoghurt für ein neues Smoothie-Erlebnis.

Feigen-Pfirsich-Smoothie

Zutaten für 2 Portionen

6 frische Feigen
1 Pfirsich (Fruchtmenge ca. 120 g)
1 kleine Banane (Fruchtmenge 60 g)
125 ml Milch (3,5 % Fett), alternativ Reis-
oder Mandelmilch
10 ungesalzene Cashewnüsse
1 TL Vanilleextrakt
1 Prise frisch geriebener Muskat
Honig oder Stevia nach Geschmack

Außerdem
2 Holzspießchen
2 dicke Strohhalme

Geben Sie 1 EL Saft und abgeriebene Schale von 1 Biozitrone dazu, das gibt dem Smoothie einen besonders frischen Kick.

1 Die Feigen waschen, trocken tupfen und die Stielenden abschneiden. Die Früchte in Stücke schneiden, 4 Stückchen beiseitelegen.

2 Den Pfirsich waschen und trocken reiben. Die Frucht bis zum Kern einschneiden, die Hälften gegeneinander drehen. Den Kern herauslösen und das Pfirsichfleisch in grobe Stücke schneiden.

3 Die Banane in Scheiben schneiden. 4 Scheiben beiseitelegen, die restlichen in den Mixer geben. Mit Milch (Reis- oder Mandelmilch) und den Cashewnüssen im Mixer auf höchster Stufe pürieren. Pfirsichstücke und Feigen zufügen und pürieren. Vanilleextrakt und Muskat hinzufügen und auf der höchsten Stufe kurz untermixen.

4 Smoothie nach Geschmack mit Honig oder Stevia süßen und in Gläser gießen. Feigen- und Bananenstückchen auf die Spießchen stecken und quer über die Gläser legen. Mit den Strohhalmen servieren.

Nährwerte pro Portion: kcal 161, EW 4 g,
F 4,5 g, KH 28,5 g

Guten-Morgen-Smoothie

Zutaten für 2 Portionen

1 Banane (Fruchtmenge ca. 120 g)
150 ml Milch (3,5% Fett), alternativ Reis-
oder Mandelmilch
2 EL gesüßter Kakao
½ TL gemahlener Zimt
1 EL Schmelzflocken
1 EL gemahlene Haselnüsse
Honig oder Stevia nach Geschmack

Außerdem
2 Zimtstangen
2 dicke Strohhalme

1 Die Banane schälen und in Scheiben schneiden. Die Scheiben in den Mixer geben.

2 Die Milch (Reis- oder Mandelmilch) dazugießen und auf höchster Stufe pürieren. Kakao und Zimt, dann Schmelzflocken sowie Haselnüsse zufügen und nochmals gut mixen.

3 Den Smoothie nach Geschmack mit Honig oder Stevia süßen, in Gläser gießen, die Zimtstangen hineinstecken und mit den Strohhalmen servieren.

Nährwerte pro Portion: kcal 285, EW 3,5 g,
F 15 g, KH 35,5 g

Nehmen Sie statt Schmelzflocken, Haselnüssen und Kakao 1 Kugel Schokoladeneis und servieren Sie den Smoothie als Nachtisch!

Smoothie für Morgenmuffel

Zutaten für 2 Portionen

1 kleine Banane (Fruchtmenge ca. 60 g)
1 Pfirsich (Fruchtmenge ca.120 g)
75 g Joghurt (3,5% Fett)
120 ml ungesüßte Mandelmilch (4 % Fett),
alternativ Reis- oder Vollmilch
2 EL Schmelzflocken
1 EL Lucumapulver (s. Bezugsquellen)
Honig oder Stevia nach Geschmack

Außerdem
2 kleine essbare Blüten
2 dicke Strohhalme

Ein Smoothie für alle, die morgens lustlos am Frühstückstisch sitzen. Einfach trinken und gerüstet sein für den ganzen Tag.

1 Die Banane schälen und in Scheiben schneiden. Den Pfirsich waschen und trocken reiben. Die Frucht rundherum bis zum Kern einschneiden, die Hälften gegeneinander drehen. Den Kern herauslösen und das Pfirsichfleisch in grobe Stücke schneiden.

2 Banane und Pfirsich in den Mixer geben. Joghurt und Mandelmilch (Reis- oder Vollmilch) dazugießen und auf höchster Stufe pürieren.

3 Die Schmelzflocken und das Lucumapulver zufügen, nochmals mixen und den fertigen Smoothie nach Geschmack mit Honig oder Stevia süßen, in Gläser gießen, mit den Blüten garnieren und mit den Strohhalmen servieren.

Nährwerte pro Portion: kcal 126,5, EW 2,5 g, F 4,5 g, KH 15 g

Nehmen Sie statt der Haferflocken 1 ½ EL Leinsamenschrot, das macht die Haut strahlend, stärkt die Gelenke und hilft bei geistiger Arbeit.

Muntermacher-Smoothie

Zutaten für 2 Portionen

1 Pfirsich (Fruchtmenge ca. 120 g)
1 Stück Ingwerwurzel, ca. 1 cm
125 g Vanillejoghurt (1,5 % Fett)
100 ml kalter Maracujasaft oder -nektar
Honig oder Stevia nach Geschmack

Außerdem
Minzeblättchen
2 dicke Strohhalme

1 Den Pfirsich waschen und trocken reiben. Die Frucht rund herum bis zum Kern einschneiden, die Hälften gegeneinander drehen. Den Kern herauslösen und das Fruchtfleisch in grobe Stücke schneiden.

2 Die Ingwerwurzel schälen und fein reiben oder in ganz feine Würfel schneiden. Mit den Pfirsichstücken in den Mixer geben und pürieren.

3 Joghurt und Maracujasaft oder -nektar zufügen und pürieren, bis eine cremige Masse entstanden ist. Smoothie nach Geschmack mit Honig oder Stevia süßen und in 2 Gläser gießen, mit Minzeblättchen garnieren und mit den Strohhalmen servieren.

Nährwerte pro Portion: kcal 225, EW 3 g, F 1 g, KH 12,5 g

Ersetzen Sie den Vanillejoghurt an heißen Tagen durch 1 Kugel Vanilleeis.

Ein sanft-fruchtiger Smoothie, der durch den Ingwer leicht scharf schmeckt. Sorgt für einen Energieschub an heißen Sommertagen.

Pflaumen-Nektarinen-Smoothie

Zutaten für 2 Portionen

4 Pflaumen (Fruchtmenge ca. 100 g)
1 Nektarine (Fruchtmenge ca. 120 g)
1 kleine Banane (Fruchtmenge ca. 60 g)
2 EL Lucumapulver (s. Bezugsquellen)
100 ml ungesüßte Mandelmilch (4% Fett),
alternativ Reis- oder Vollmilch
1 TL Vanilleextrakt
Honig oder Stevia nach Geschmack

Außerdem
2 dicke Strohhalme

Dieser aromatische Smoothie steckt voller Bioflavonoide (Pflanzenstoffe), die gut sind fürs Immunsystem.

1 Die Pflaumen waschen und trocken reiben, bis zum Kern einschneiden, die Hälften gegeneinander drehen und die Kerne herauslösen. 2 Pflaumenviertel beiseitelegen. Das Fruchtfleisch in grobe Stücke schneiden. Die Nektarine schälen, die Fruchtspalten voneinander trennen.

2 Die Banane schälen und in Scheiben schneiden. Die Bananenscheiben und das Lucumapulver in den Mixer geben und pürieren. Pflaumen, Nektarine, Mandelmilch (Reis-oder Vollmilch) und Vanilleextrakt zufügen und pürieren, bis eine cremige Masse entstanden ist.

3 Den Smoothie nach Geschmack mit Honig oder Stevia süßen und in Gläser gießen. Die beiseitegelegten Pflaumenviertel längs etwas einschneiden und an die Glasränder stecken. Smoothies mit den Strohhalmen servieren.

Nährwerte pro Portion: kcal 80, EW 1,5 g, F 1 g, KH 11,5 g

Erdbeer-Dattel-Smoothie

Zutaten für 2 Portionen

3 getrocknete oder frische Datteln
150 g frische oder gefrorene Erdbeeren,
1 EL Lucumapulver (s. Bezugsquellen)
25 g Kokosflocken
50 g Seidentofu
75 ml Milch (1,5 % Fett), alternativ Reis-
oder Mandelmilch
Honig oder Stevia nach Geschmack

Außerdem
2 dicke Strohhalme

1 Die getrockneten Datteln kurz in Wasser einweichen, dann wie die frischen entkernen und grob hacken. Die gefrorenen Erdbeeren auftauen, die frischen waschen, trocken tupfen und den Kelch mit einem scharfen Messer herausschneiden. 2 besonders schöne Früchte halbieren und beiseitelegen, alle anderen in Stücke schneiden.

2 Die Erdbeeren und das Lucumapulver in den Mixer geben und auf höchster Stufe mixen. Datteln zufügen und weitermixen.

3 Dann die Kokosflocken, den Seidentofu und die Milch zufügen und pürieren, bis eine cremige Masse entstanden ist. Smoothie nach

Wie ein Dessert und dazu noch gesund. Erdbeeren haben viel Vitamin C und ihre Vitalstoffe schützen vor Herz-Kreislauf-Erkrankungen.

Geschmack mit Honig oder Stevia süßen und in 2 Gläser gießen. Die beiseitegelegten Erdbeerhälften längs einschneiden, an die Glasränder stecken und mit den Strohhalmen servieren.

Nährwerte pro Portion: kcal 166, EW 7 g,
F 32,5 g, KH 19 g

Himbeer-Kiwi-Smoothie

Zutaten für 2 Portionen

1 Kiwi (Fruchtmenge ca. 65 g)
250 g frische oder gefrorene Himbeeren
1 EL Acaibeerenpulver (s. Bezugsquellen)
5 Apfelsafteiswürfel
Honig oder Stevia nach Geschmack

Außerdem
2 Holzspießchen
2 dicke Strohhalme

1 Die Kiwi schälen, das Fruchtfleisch würfeln und in den Mixer geben.

2 Die frischen Beeren vorsichtig waschen, denn sie sind sehr empfindlich (die gefrorenen auftauen). Gut abtropfen lassen. 6 Beeren bei-seitelegen. Die Himbeeren und das Acai-beerenpulver mit den Apfelsafteiswürfeln (s. Tipp auf
S. 72) in den Mixer geben und auf höchster Stufe mixen.

3 Den Smoothie nach Geschmack mit Honig oder Stevia süßen, in Gläser füllen. Die beiseite-gelegten Himbeeren auf die Holzspießchen ste-cken und quer über die Gläser legen. Mit den Strohhalmen servieren.

Nährwerte pro Portion: kcal 77,5, EW 5 g,
F 0,5 g, KH 12,5 g

Der Smoothie schmeckt auch sehr gut, wenn Sie die Apfelsafteiswürfel durch 125 g Himbeerjoghurt ersetzen.

Tricolor-Smoothie

Zutaten für 2 Portionen

250 g frische oder gefrorene Erdbeeren
3 Kiwis (Fruchtmenge ca. 180 g)
1 reife Mango (Fruchtmenge ca. 200 g)
6 Eiswürfel
Honig oder Stevia nach Geschmack

Außerdem
2 Zitronenscheiben
2 dicke Strohhalme

> Die Früchtepürees lassen sich leicht variieren, z. B. durch Bananen mit Heidelbeeren und Pfirsich oder Himbeeren und Papaya mit Brombeeren.

1 Die gefrorenen Erdbeeren auftauen, die frischen waschen, abtropfen lassen und die Kelche mit einem scharfen Messer herausschneiden. 1 Erdbeere halbieren und beiseitelegen, alle anderen in Stücke schneiden. Die Erdbeeren nach Geschmack süßen, mit 2 Eiswürfeln auf höchster Stufe pürieren. Die pürierten Früchte in 2 Gläser gießen.

2 Die Kiwis schälen. Das Fruchtfleisch würfeln und mit 2 Eiswürfeln im Mixer pürieren, ggf. süßen. Das Kiwipüree auf die pürierten Erdbeeren gießen.

3 Die Mango waschen, trocken reiben und schälen, das Fruchtfleisch vom Kern schneiden und mit 2 Eiswürfeln pürieren, ggf. süßen. Das Püree vorsichtig auf die Kiwischicht gleiten lassen.

4 Die Erdbeerhälften und die Zitronenscheiben einschneiden und an die Glasränder stecken. Die Smoothies mit Strohhalmen servieren.

Nährwert pro Portion: kcal 81, EW 2 g, F 0 g, KH 4 g

Fruity-Delight-Smoothie

Zutaten für 2 Portionen

50 g gefrorene oder frische Erdbeeren
1 Banane (Fruchtmenge ca. 120 g)
75 g Joghurt (3,5 % Fett)
1 TL Vanilleextrakt
100 ml ungesüßte Mandelmilch (4% Fett),
alternativ Reis- oder Vollmilch
Honig oder Stevia nach Geschmack

Außerdem
2 dicke Strohhalme

1 Die gefrorenen Erdbeeren auftauen, die frischen waschen, trocken tupfen, die Kelche mit einem scharfen Messer herausschneiden. Eine besonders schöne Erdbeere beiseitelegen, die restlichen in Stücke schneiden.

2 Die Banane schälen und in Scheiben schneiden.

3 Erdbeeren und Bananenscheiben in den Mixer geben, Joghurt, Vanilleextrakt, Mandelmilch (Reismilch oder Vollmilch) zufügen und auf höchster Stufe pürieren, bis eine cremige Masse entstanden ist. Smoothie nach Geschmack mit Honig oder Stevia süßen und in 2 Gläser gießen. Die ganze Erdbeere halbieren, jede Hälfte längs einschneiden und an die Glasränder stecken. Mit den Strohhalmen servieren.

Nährwerte pro Portion: kcal 153, EW 4 g, F 22,5 g, KH 15 g

Nehmen Sie statt des Joghurts 1 Kugel Vanilleeis und 50 ml Orangensaft – und Sie haben ein ganz neues Geschmackserlebnis.

Aprikosen-Smoothie

Zutaten für 2 Portionen

4 getrocknete oder frische Aprikosen
(Fruchtmenge ca. 120 g)
2 getrocknete oder frische Datteln
100 ml ungesüßte Mandelmilch (4 % Fett),
alternativ Reis- oder Vollmilch
100 g Vanillejoghurt (3,5 % Fett)
Honig oder Stevia nach Geschmack

Außerdem
2 dicke Strohhalme

1 Die getrockneten Früchte in Wasser einweichen Die frischen waschen, trocken reiben und die Kerne entfernen. 2 schmale Segmente von den Aprikosen abschneiden und beiseitelegen. Die Aprikosen mit den Datteln in grobe Stücke schneiden.

2 Die Fruchtstücke in den Mixer geben. Mandelmilch (Reis- oder Vollmilch) sowie Joghurt zufügen und pürieren, bis eine cremige Masse entstanden ist.

3 Smoothie nach Geschmack mit Honig oder Stevia süßen und in Gläser gießen. Die Aprikosensegmente längs einschneiden und an die Ränder stecken. Mit den Strohhalmen servieren.

Nährwerte pro Portion: kcal 103, EW 2,5 g, F 2,2 g, KH 11,5 g

> Ein Smoothie, der nach Sommer schmeckt. Mit viel Beta-karotin (Vitamin A), das gut für Haut und Augen ist.

Birne-Bananen-Smoothie

Zutaten für 2 Portionen

1 Birne (Fruchtmenge 200 g)
1 kleine Banane (Fruchtmenge ca. 60 g)
1 Bio-Limette
100 g Seidentofu
1 TL Vanilleextrakt
125 ml Ananassaft
Honig oder Stevia nach Geschmack

Außerdem
einige Blättchen Zitronenmelisse
2 dicke Strohhalme

1 Die Birne waschen und trocken reiben, vierteln, das Kerngehäuse entfernen. Die Birne in grobe Stücke schneiden.

2 Die Banane schälen und in Scheiben schneiden. Limette waschen, trocken reiben, die Schale abreiben (ca. ½ TL), den Saft auspressen und 1 EL davon mit der Schale in den Mixer geben.

3 Birne, Banane, Seidentofu, Vanilleextrakt sowie Ananassaft in den Mixer geben und pürieren, bis eine cremige Masse entstanden ist. Smoothie nach Geschmack mit Honig oder Stevia süßen, in 2 Gläser gießen, mit Zitronenmelisse garnieren und mit den Strohhalmen servieren.

Nährwerte pro Portion: kcal 143,5, EW 4,5 g, F 2 g, KH 27 g

Die Kombination der Inhaltsstoffe schafft Wohlbefinden, und die Pektine in der Birne regen die Verdauung an.

Sonne im Glas

Zutaten für 2 Portionen

1 Orange (Saftmenge ca. 100 ml)
1 Grapefruit (Saftmenge ca. 100 ml)
½ reife Papaya (Fruchtmenge ca. 100 g)
1 reife Mango (Fruchtmenge ca. 200 g)
4 Eiswürfel
Honig oder Stevia nach Geschmack

Außerdem
Minzeblättchen
2 dicke Strohhalme

Geben Sie statt des Grapefruitsafts und der Eiswürfel 1 Kugel Zitroneneis dazu, dann wird aus dem Smoothie ein feines Dessert.

1 Orange und Grapefruit halbieren. Von einer Orangenhälfte 2 Scheiben abschneiden und beiseitelegen. Die Hälften auspressen und beiseitestellen.

2 Die Papaya waschen, halbieren und mit einem Teelöffel die schwarzen Kerne entfernen. Dann schälen, das Fruchtfleisch würfeln und in den Mixer geben.

3 Die Mango waschen, trocken reiben und schälen, das Fruchtfleisch vom Kern schneiden, in den Mixer geben und mit den Eiswürfeln pürieren. Orangen- und Grapefruitsaft zugießen und auf höchster Stufe mixen.

4 Den fertigen Smoothie nach Geschmack mit Honig oder Stevia süßen, in Gläser gießen. Die Orangenscheiben einschneiden und an die Glasränder stecken. Die Smoothies mit Minzeblättchen garnieren und mit den Strohhalmen servieren.

Nährwerte pro Portion: kcal 83, EW 2 g, F 0,5 g, KH 16,5 g

Beeren-Kirschen-Smoothie

Zutaten für 2 Portionen

250 g dunkle Kirschen (Fruchtmenge ca. 200 g)
200 g tiefgefrorene Beeren
(Erdbeeren, Himbeeren, Blaubeeren)
4 Eiswürfel
Honig oder Stevia nach Geschmack

Außerdem
2 dicke Strohhalme

1 Die Kirschen gründlich waschen. 2 Zwillingskirschen beiseitelegen. Von den restlichen Kirschen die Stiele abzupfen und die Früchte entkernen.

2 Die gefrorenen Früchte mit den Eiswürfeln in den Mixer geben, die Kirschen samt ausgetretenem Saft hinzufügen und auf höchster Stufe pürieren.

3 Den fertigen Smoothie nach Geschmack mit Honig oder Stevia süßen, in 2 Gläser gießen und die Zwillingskirschen über die Glasränder hängen. Mit den Strohhalmen servieren.

Lassen Sie Kirschen und Eiswürfel weg, füllen Sie den Smoothie mit 150 ml Kombucha auf.

Nährwerte pro Portion: kcal 134, EW 2 g, F 0,5 g, KH 29 g

Melonen-Erdbeer-Smoothie

Zutaten für 2 Portionen

1 Bio-Orange
1 Galiamelone (Fruchtmenge ca. 200 g)
125 g Erdbeeren
1 TL Macapulver (Reformhaus)
4 Eiswürfel
Honig oder Stevia nach Geschmack

Außerdem
2 dicke Strohhalme

Auch andere Melonenarten wie Honigmelone, Netzmelone oder Wassermelone sind für diesen Smoothie gut geeignet.

1 Die Orange waschen, trocken reiben und die Schale abreiben (benötigt wird ca. ½ TL). Die Frucht auspressen und den Saft mit der Schale beiseitestellen. Die Melone halbieren, mit einem Löffel die Kerne entfernen, das Fruchtfleisch herauslösen und in den Mixer geben.

2 Die Erdbeeren waschen, gut abtropfen lassen. Eine besonders schöne Erdbeere mit den Blättchen beiseitelegen. Die Kelche der restlichen Früchte mit einem scharfen Messer herausschneiden und die Erdbeeren in grobe Stücke schneiden. Mit den Melonenstücken sowie dem Macapulver in den Mixer geben und auf höchster Stufe pürieren.

3 Eiswürfel, Orangensaft und -schale dazugeben und nochmals auf höchster Stufe mixen. Den fertigen Smoothie mit Honig oder Stevia nach Geschmack süßen, in 2 Gläser gießen. Die beiseitegelegte Erdbeere halbieren, längs einschneiden und auf die Glasränder stecken. Mit den Strohhalmen servieren.

Nährwerte pro Portion: kcal 82, EW 2 g, F 1 g, KH 16,5 g

Orangen-Cranberry-Smoothie

Zutaten für 2 Portionen

1 Bio-Orange
1 EL getrocknete Gojibeeren (Reformhaus),
alternativ Rosinen
8 Cranberrysafteiswürfel
1 EL Zucker
Honig oder Stevia nach Geschmack

Außerdem
2 Stängel Zitronenmelisse
2 dicke Strohhalme

1 Die Orange waschen, trocken reiben und die Schale abreiben (benötigt wird ½ TL). Die Frucht halbieren und auspressen. Den Saft in den Mixer gießen. Gojibeeren dazugeben und auf höchster Stufe pürieren. Cranberrysafteiswürfel (s. Tipp auf S. 72) in den Mixer geben und mit dem Orangensaft auf höchster Stufe nochmals mixen.

2 Die Orangenschale mit dem Zucker vermischen. Die Ränder von 2 Gläsern anfeuchten und mit der Öffnung in die Mischung drücken, sodass ein Zuckerrand entsteht.

Auch andere Früchte wie Erdbeeren, Pfirsich oder Ananas lassen sich gut mit Orangensaft mischen.

3 Den fertigen Smoothie nach Geschmack mit Honig oder Stevia süßen, vorsichtig in 2 Gläser gießen, mit Zitronenmelisse garnieren und mit den Strohhalmen servieren.

Nährwerte pro Portion: kcal 50, EW 2 g, F 0 g, KH 11,5 g

Mango-Limetten-Smoothie

Zutaten für 2 Portionen

1 reife Mango (Fruchtmenge ca. 200 g)
1 Limette
¼ TL gemahlener Zimt
125 g Joghurt (3,5 % Fett)
Honig oder Stevia nach Geschmack

Außerdem
2 dicke Strohhalme

> Fruchtiger wird der Smoothie, wenn Sie statt des Limettensaftes 250 g gefrorene oder frische Himbeeren untermixen.

1 Die Mango waschen, trocken reiben und schälen, das Fruchtfleisch vom Kern schneiden und in den Mixer geben.

2 Die Limette halbieren, 2 dünne Scheiben abschneiden und beiseitelegen. Eine Hälfte auspressen und den Saft in den Mixer gießen. Zimt zufügen und mit den Mangostücken auf höchster Stufe pürieren

3 Den Joghurt hinzufügen und untermixen. Den fertigen Smoothie nach Geschmack mit Honig oder Stevia süßen, in 2 Gläser gießen, die beiseitegelegten Limettenscheiben einschneiden, an die Glasränder stecken und mit den Strohhalmen servieren.

Nährwerte pro Portion: kcal 66, EW 2,5 g, F 0,5 g, KH 7,5 g

Bali-Smoothie

Zutaten für 2 Portionen

1 reife Mango (Fruchtanteil ca. 200 g)
1 kleine reife Ananas (Fruchtanteil ca. 200 g)
3 Litschis (evtl. aus der Dose)
50 ml Orangensaft
1 Dose Kokosmilch (200 ml, ca. 20 % Fett)
4 Eiswürfel
Honig oder Stevia nach Geschmack

Außerdem
2 dicke Strohhalme

> Wenn Kokosmilch länger steht, setzt sich der Fettanteil oben ab. Einfach gut durchrühren, am Geschmack ändert sich dadurch nichts.

1 Die Mango waschen, trocken reiben und schälen, das Fruchtfleisch vom Kern schneiden und in den Mixer geben.

2 Beide Enden der Ananas abschneiden. Die Frucht auf eine der beiden Schnittstellen stellen und die Schale großzügig abschneiden (2 Streifen Ananas mit Schale zum Garnieren wegschneiden und beiseitelegen), sodass keine Schalenreste zurückbleiben. Die Ananas vierteln und den holzigen Strunk in der Mitte ebenfalls wegschneiden. Die Frucht in kleine Stücke schneiden. Die Litschis schälen, halbieren und den Kern entfernen. Ananas und Litschis in den Mixer füllen, Orangensaft dazugeben.

3 Die Kokosmilchdose vor dem Öffnen kräftig schütteln, öffnen und die Milch zum Orangensaft geben. Die Eiswürfel zufügen und nochmals auf höchster Stufe mixen. Den fertigen Smoothie nach Geschmack mit Honig oder Stevia süßen, in 2 Gläser gießen, die beiseitegelegten Ananasstücke einschneiden, an die Glasränder stecken und mit den Strohhalmen servieren.

Nährwerte pro Portione: kcal 240, EW 2 g, F 17,5 g, KH 23 g

Ein Schluck
und Sie träumen
von tropischen Näch-
ten und halten sich
gleichzeitig wegen
der vielen Vital-
stoffe fit.

Smoothie Hawaii

Zutaten für 2 Portionen

1 Bio-Orange
1 kleine reife Ananas (Fruchtmenge ca. 200 g)
1 Dose Kokosmilch (200 ml, ca. 20 % Fett)
1 EL getrocknete Gojibeeren (Reformhaus),
alternativ Rosinen
Honig oder Stevia nach Geschmack

Außerdem
2 dicke Strohhalme

1 Die Orange waschen und trocken reiben. Von der Schale mit einem Sparschäler 2 großzügige »Locken« abschälen und beiseitelegen. Die Frucht halbieren und auspressen, benötigt werden ca. 100 ml. Den Saft in den Mixer gießen.

2 Beide Enden der Ananas ca. 2 cm breit abschneiden, die Schale großzügig entfernen. Die Ananas vierteln, den holzigen Strunk in der Mitte wegschneiden. Das Fruchtfleisch in kleine Stücke schneiden.

3 Die Kokosmilchdose vor dem Öffnen kräftig schütteln, öffnen, gut durchrühren, 100 ml abmessen und zum Orangensaft geben. Ananasstücke sowie Gojibeeren zufügen und auf höchster Stufe mixen, bis eine cremige Masse entstanden ist. Smoothie nach Geschmack mit Honig oder Stevia süßen, in 2 Gläser füllen und mit den Orangenlocken garnieren. Mit den Strohhalmen servieren.

Die vielen Vitalstoffe und Enyzme der Ananas sorgen für einen guten Stoffwechsel und schützen auch vor Übersäuerung.

Nährwerte pro Person: kcal 197,5, EW 2 g,
F 19 g, KH 45 g

Rote-Bete-Apfel-Möhren-Smoothie

Zutaten für 2 Portionen

2 vorgekochte Knollen Rote Bete, ca. 160 g
150 ml Möhrensaft (Flasche)
1 Apfel (Fruchtmenge ca. 150 g)
2–3 Eiswürfel
Honig oder Stevia nach Geschmack

Außerdem
Etwas Möhrengrün
2 dicke Strohhalme

So kann man Gesundheit trinken: Rote Bete reinigt das Blut, regt den Kreislauf an und unterstützt die Nierenfunktion.

Einen ganz besonderen Kick bekommt der Smoothie, wenn Sie 2 TL geriebenen Meerrettich untermixen.

1 Die Rote-Bete-Knollen halbieren, erst in Scheiben, dann in Würfel schneiden. (Gummihandschuhe anziehen, Rote Bete färbt die Finger rot!). Mit dem Möhrensaft in den Mixer geben und pürieren.

2 Den Apfel waschen, trocken reiben und mit der Schale raspeln, mit den Eiswürfeln in den Mixer geben und alles auf höchster Stufe pürieren.

3 Den Smoothie nach Geschmack mit Honig oder Stevia süßen, in 2 Gläser gießen. Mit dem Möhrengrün garnieren und mit Strohhalmen servieren.

Nährwerte pro Portion: kcal 132, EW 0,5 g, F 0,5 g, KH 14 g

Himbeer-Paprika-Smoothie

Zutaten für 2 Portionen

1 kleine rote Paprika (Gemüsemenge ca. 90 g)
250 g Himbeeren
4 Eiswürfel
Honig oder Stevia nach Geschmack

Außerdem
2 Holzspießchen
Puderzucker
2 dicke Strohhalme

Dieser köstliche Smoothie enthält besonders viel Vitamin C und viele Bioflavonoide für einen guten Stoffwechsel.

Auch mit Erdbeeren schmeckt dieser erfrischende Smoothie sehr gut. Wer mag, gibt 1 Kugel Zitronensorbet dazu.

1 Paprika waschen, trocken reiben und halbieren. Die Trennwände und Kerne entfernen. Eine Paprikahälfte in kleine Stücke schneiden. Die andere Paprikahälfte in Würfel schneiden, für einen Salat verwenden oder in einen Gefrierbeutel geben und für eine spätere Verwendung einfrieren.

2 Die besonders empfindlichen Himbeeren nicht unter einem kräftigen Wasserstrahl waschen, sondern in ein Sieb geben, in einer Schüssel mit Wasser vorsichtig schwenken, dann gut abtropfen lassen. 6 besonders schöne Früchte beiseitelegen. Die restlichen Himbeeren mit den Paprikastückchen in den Mixer geben und auf höchster Stufe pürieren.

3 Die Eiswürfel zugeben und alles nochmals auf höchster Stufe mixen. Den fertigen Smoothie nach Geschmack mit Honig oder Stevia süßen, nochmals durchrühren und in 2 Gläser gießen. Die beiseitegelegten Himbeeren auf die Holzspieße stecken und als Dekoration auf die Glasränder legen. Mit etwas Puderzucker bestreuen und mit den Strohhalmen servieren.

Nährwerte pro Portion: kcal 107,5, EW 1,5 g,
F 0,5 g, KH 22,5 g

Grüne Smoothies

Mango-Spinat-Smoothie

Zutaten für 2 Portionen

1 reife Mango (Fruchtmenge ca. 200 g)
1 kleine Birne (Fruchtmenge ca. 100 g)
60 g Babyspinat
125 ml Kokosmilch (ca. 20 % Fett)
Honig oder Stevia nach Geschmack

Außerdem
2 kleine essbare Blüten
2 dicke Strohhalme

Exotische Frucht trifft auf heimisches Gartengemüse. Eine erstaunlich leckere Kombination.

Die Spinatblätter lassen sich durch die gleiche Menge Brunnenkresse oder Rucola ersetzen. Das gibt dem Smoothie noch etwas Schärfe.

1 Die Mango waschen, trocken reiben und schälen, das Fruchtfleisch vom Kern schneiden und in den Mixer geben.

2 Die Birne waschen, trocken reiben und schälen. Die Frucht vierteln, das Kerngehäuse entfernen, das Fruchtfleisch in Würfel schneiden und in den Mixer geben.

3 Die Spinatblätter waschen und trocken tupfen. Die Kokosmilchdose vor dem Öffnen kräftig schütteln. Spinat und 125 ml Kokosmilch in den Mixer füllen und alles auf höchster Stufe pürieren. Den fertigen Smoothie nach Geschmack mit Honig oder Stevia süßen, in 2 Gläser gießen, mit den Blüten garnieren und mit den Strohhalmen servieren.

Nährwerte pro Portion: kcal 85, EW 2,5 g, F 4 g, KH 12 g

Minze-Gurke-Smoothie

Zutaten für 2 Portionen

1 kleine Gurke (Gemüsemenge ca. 200 g)
1 Bund frische Minze
50 g Feldsalat
100 ml Buttermilch
1 EL Zitronensaft
20 g ungesalzene Cashewnüsse

Außerdem
2 Gurkenspiralen
2 dicke Strohhalme

Schmeckt etwa wie Tzatziki, ist aber gehaltvoller. Dieser sättigende Smoothie ersetzt das Mittagessen.

1 Die Gurke waschen, trocken reiben und rundherum wie einen Apfel schälen, sodass Spiralen entstehen, 2 davon beiseitelegen. Alles grob würfeln und in den Mixer geben.

2 Die Minze abbrausen, trocken schleudern, die Blättchen von den Stängeln zupfen. Den Feldsalat waschen, trocken tupfen. Beides hacken und in den Mixer geben. Mit der Hälfte der Buttermilch auf höchster Stufe pürieren.

3 Zitronensaft, Cashewnüsse und die restliche Buttermilch zufügen und nochmals alles durchmixen. Den fertigen Smoothie in 2 Gläser gießen, mit den Gurkenspiralen garnieren und mit den Strohhalmen servieren.

Nährwerte pro Person: kcal 120, EW 12 g, F 6 g, KH 10 g

Ananas-Grünkohl-Smoothie

Zutaten für 2 Portionen

1 Stück Ingwerwurzel (ca. 1 cm)
½ Bund Petersilie
80 g Romanasalat
25 g Grünkohl
50 ml Wasser
1 kleine reife Ananas (Fruchtmenge ca. 100 g)
1 reife Mango (Fruchtmenge ca. 200 g)
4 Eiswürfel
Honig oder Stevia nach Geschmack

Außerdem

2 Zitronenscheiben
2 dicke Strohhalme

Grünkohl als Smoothie schmeckt in dieser Kombination viel besser, als vielleicht vermutet.

Wer absolut keinen Grünkohl mag, lässt ihn weg oder ersetzt ihn einfach durch Spinat oder Mangold.

1 Den Ingwer schälen und fein würfeln. Die Petersilie abbrausen, trocken schütteln und hacken. Romana- und Grünkohlblätter waschen und klein schneiden, dabei die harten Rippen und Stiele entfernen. Mit Ingwer, Petersilie und Wasser in den Mixer geben und auf höchster Stufe pürieren.

2 Beide Enden der Ananas ca. 2 cm breit abschneiden. Die Frucht auf eine Schnittstelle stellen und die Schale wegschneiden. Die Ananas vierteln und den holzigen Strunk in der Mitte wegschneiden. Die Frucht in kleine Stücke schneiden. 100 g der Ananaswürfel in den Mixer geben, den Rest für ein Dessert verwenden oder einfrieren.

3 Die Mango waschen, trocken reiben und schälen. Das Fruchtfleisch vom Kern schneiden und würfeln. 200 g in den Mixer geben. Ananas und Eiswürfel hinzufügen und auf höchster Stufe pürieren. Den fertigen Smoothie nach Geschmack mit Honig oder Stevia süßen und in 2 Gläser gießen. Die Zitronenscheiben einschneiden, an die Glasränder stecken und mit den Strohhalmen servieren.

Nährwerte pro Portion: kcal 63,5, EW 1,5 g, F 0 g, KH 0,5 g

Smoothie à la Gazpacho

Gemüse-Smoothie nein danke? Dieser leckere und erfrischende Drink überzeugt jeden Zweifler.

Zutaten für 2 Portionen

2 Frühlingszwiebeln
½ Schalotte
1 kleine Knoblauchzehe
1 grüne Paprikaschote (Gemüsemenge ca.180 g)
1 kleine Gurke (Gemüsemenge ca. 200 g)
1 EL Zitronensaft
150 ml eisgekühlter Tomatensaft
5–6 Eiswürfel
Salz, Pfeffer aus der Mühle

Außerdem
2 dicke Strohhalme

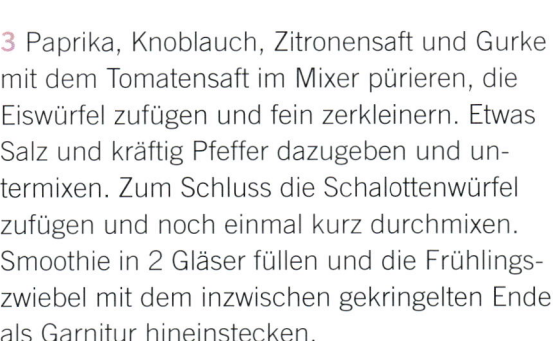

1 Die Frühlingszwiebeln waschen, welke Blätter entfernen und den grünen Teil längs etwa alle 5 cm einschneiden. Die Frühlingszwiebeln in Eiswasser stellen.

2 Die Schalotte schälen, halbieren und in sehr feine Würfel schneiden, beiseitestellen. Knoblauchzehe schälen und durchpressen. Die Paprikaschote waschen, die Seitenwände und Kerne entfernen und die Schote in Würfel schneiden. Die Gurke waschen, schälen, halbieren und mit einem Teelöffel das Kerngehäuse entfernen. Gurke ebenfalls in Würfel schneiden.

3 Paprika, Knoblauch, Zitronensaft und Gurke mit dem Tomatensaft im Mixer pürieren, die Eiswürfel zufügen und fein zerkleinern. Etwas Salz und kräftig Pfeffer dazugeben und untermixen. Zum Schluss die Schalottenwürfel zufügen und noch einmal kurz durchmixen. Smoothie in 2 Gläser füllen und die Frühlingszwiebel mit dem inzwischen gekringelten Ende als Garnitur hineinstecken.

Nährwerte pro Portion: kcal 37, EW 2 g, F 0,5 g, KH 6 g

Pak-Choi-Pfirsich-Smoothie

Zutaten für 2 Portionen

100 g Pak Choi
150 g Erdbeeren
1 Pfirsich (Fruchtmenge ca. 120 g)
250 ml ungesüßte Mandelmilch (4 % Fett),
alternativ Reis- oder Vollmilch
4–5 Orangensafteiswürfel
Honig oder Stevia nach Geschmack

Außerdem
Minzeblättchen
2 dicke Strohhalme

Mit vielen Mineralien, sekundären Pflanzenstoffen und Vitaminen sorgt dieser leckere Smoothie für neue Energie am Nachmittag.

1 Die Pak-Choi-Blätter waschen, Rippen und Strunk wegschneiden. Die Blätter trocken schleudern, in Streifen schneiden und in den Mixer geben. Die Erdbeeren waschen, gut abtropfen lassen, die Kelche mit einem scharfen Messer herausschneiden. Die Früchte grob zerkleinern, in den Mixer geben.

2 Den Pfirsich waschen, trocken reiben, einschneiden, die Hälften gegeneinander drehen. Den Kern herauslösen und das Pfirsichfleisch in grobe Stücke schneiden.

3 Die Mandelmilch (Reis- oder Vollmilch) und die Orangensafteiswürfel (s. Tipp Seite 72) zufügen und pürieren, bis eine cremige Masse entstanden ist. Smoothie nach Geschmack mit Honig oder Stevia süßen, in 2 Gläser gießen, mit Minzeblättchen garnieren und mit den Strohhalmen servieren.

Nährwerte pro Portion: kcal 116,5, EW 2,5 g, F 2 g, KH 25 g

Dreifrucht-Smoothie mit Spinat

Zutaten für 2 Portionen

1 kleine, reife Ananas (Fruchtmenge ca. 200 g)
1 reife Mango (Fruchtmenge ca. 200 g)
1 Banane (Fruchtmenge ca. 120 g)
80 g Babyspinat
100 ml Wasser
4–5 Eiswürfel
Honig oder Stevia nach Geschmack

Außerdem
2 dicke Strohhalme

Ein fruchtiger Sattmacher, der Sie mit viel Beta-Karotin (Provitamin A) versorgt.

Mit einem Spritzer Zitronensaft und etwas frisch geriebener Zitronenschale verleihen Sie dem Smoothie Extrafrische.

1 Beide Enden der Ananas ca. 2 cm breit abschneiden. Für die Deko zwei Spalten mit Blatt vom Deckel abschneiden und beiseitelegen. Die Frucht auf ein Ende stellen und die Schale großzügig wegschneiden, sodass keine Schalenreste zurückbleiben. Die Ananas vierteln und den holzigen Strunk in den Mitte herausschneiden und entfernen. Die Frucht in kleine Stücke schneiden und 200 g in den Mixer geben, den Rest einfrieren.

2 Die Mango waschen, trocken reiben und schälen, das Fruchtfleisch vom Kern schneiden und in den Mixer geben.

3 Die Banane schälen und in Scheiben schneiden. Die Spinatblätter waschen, trocken tupfen und mit dem Wasser in den Mixer geben. Die Eiswürfel mit den Bananenscheiben in den Mixer geben und alles pürieren. Den fertigen Smoothie nach Geschmack mit Honig oder Stevia süßen und in 2 Gläser gießen. Die Ananasstücke für die Garnierung einschneiden und an die Glasränder stecken. Die Smoothies mit den Strohhalmen servieren.

Nährwerte pro Portion: kcal 72, EW 2 g, F 0,5 g, KH 14,5 g

Grünkohl-Erdbeer-Smoothie

Das kräftige Grün-
kohlaroma wird durch
die Früchte ausbalan-
ciert und schmeckt
deshalb so gut.

Zutaten für 2 Portionen

40 g junger Grünkohl
50 ml Wasser
100 g Erdbeeren
1 Kiwi (Fruchtmenge ca. 60 g)
1 kleine Banane (Fruchtmenge ca. 60 g)
10 Orangensafteiswürfel
1 Zitrone
1 EL Acaibeerenpulver (Reformhaus)
Honig oder Stevia nach Geschmack

Außerdem
Minzeblättchen
2 dicke Strohhalme

1 Die Grünkohlblätter waschen, harte Rippen und Stiel wegschneiden. Blätter trocken schleudern, in Streifen schneiden und mit dem Wasser in den Mixer geben und auf höchster Stufe pürieren.

2 Die Erdbeeren waschen, gut abtropfen lassen. Die Kelche mit einem scharfen Messer herausschneiden und die Früchte grob zerkleinern, in den Mixer geben. Die Kiwi schälen und die Frucht klein schneiden, ebenfalls in den Mixer geben und pürieren.

3 Die Banane schälen, in Scheiben schneiden und mit den Orangensafteiswürfeln zufügen. Die Zitrone auspressen und mit dem Acaibeerenpulver in den Mixer geben und nochmals alles pürieren, bis eine cremige Masse entstanden ist. Smoothie nach Geschmack mit Honig oder Stevia süßen, in 2 Gläser gießen, mit Minzeblättchen garnieren und mit den Strohhalmen servieren.

Nährwerte pro Portion: kcal 93, EW 1,5 g. F 1 g, KH g

Spinat-Birne-Smoothie

Zutaten für 2 Portionen

1 Bund Koriander
40 g Babyspinat
100 ml Wasser
1 Birne (Fruchtmenge 200 g)
1 EL Acaibeerenpulver (Reformhaus)
1 Limette
1 Stück Ingwerwurzel, ca. 1 cm
3 Eiswürfel
Honig oder Stevia nach Geschmack

Außerdem
2 Limettenscheiben
2 dicke Strohhalme

Wenn Sie Koriander nicht mögen, nehmen Sie stattdessen Basilkum, Petersilie, Minze oder eine Mischung daraus.

1 Die Korianderblätter abzupfen. Spinat- und Korianderblätter waschen, trocken tupfen und in den Mixer geben. Wasser zufügen. Die Birne waschen und schälen. Die Frucht vierteln, das Kerngehäuse entfernen, das Fruchtfleisch in Würfel schneiden und mit dem Acaibeerenpulver in den Mixer geben.

2 Die Limette halbieren, eine Hälfte auspressen. Den Ingwer schälen und in feine Würfel schneiden, mit dem Limettensaft und den Eiswürfeln in den Mixer geben und alles auf höchster Stufe pürieren.

3 Den Smoothie nach Geschmack mit Honig oder Stevia süßen, in 2 Gläser gießen. 2 Scheiben von der verbliebenen Limettenhälfte abschneiden, bis zur Mitte einschneiden und an die Glasränder stecken. Mit den Strohhalmen servieren.

Nährwerte pro Portion: kcal 60,5, EW 2 g, F 0,5 g, KH 13 g

Violettas Blaubeer-Spinat-Smoothie

Zutaten für 2 Portionen

40 g Babyspinat
125 ml Kokosnusswasser (Bio- oder Asienladen)
125 ml Orangensaft
100 g Erdbeeren
60 g Blaubeeren
1 kleine Banane (Fruchtmenge ca. 60 g)
4–5 Eiswürfel
Honig oder Stevia nach Geschmack

Außerdem
2 dicke Strohhalme

1 Die Spinatblätter waschen, trocken tupfen und in den Mixer geben. Kokosnusswasser und Orangensaft zufügen und kurz mixen.

2 Die Erdbeeren waschen, gut abtropfen lassen. Eine besonders schöne Erdbeere mit Blättchen beiseitelegen. Von den anderen die Kelche mit einem scharfen Messer herausschneiden und die Erdbeeren grob zerkleinern. Die Blaubeeren waschen und gut abtropfen lassen. Die Banane in Scheiben schneiden.

3 Die Früchte mit den Eiswürfeln in den Mixer geben und auf höchster Stufe pürieren. Den Smoothie nach Geschmack mit Honig oder Stevia süßen, in 2 Gläser gießen. Die beiseitegelegte Erdbeere halbieren, halb durchschneiden, an die Glasränder stecken und mit den Strohhalmen servieren.

Nährwerte pro Portion: kcal 96, EW 1,5 g, F 1 g, KH 20 g

Ersetzen Sie die Banane durch 1 kleine Avocado, die wegen der Vitamine E und D und vielen Mineralstoffen der Haut gut tut.

Kiwi-Sellerie-Smoothie

Zutaten für 2 Portionen

2 Stangen Sellerie
25 g Petersilie
50 ml Wasser
1 kleine Gurke (Gemüsemenge ca. 200 g)
2 Kiwis (Fruchtmenge ca. 100 g)
1 Zitrone
4–5 Eiswürfel
Honig oder Stevia nach Geschmack

Außerdem
2 dicke Strohhalme

Einige Spritzer Tabasco oder etwas geschroteter roter Pfeffer geben dem Smoothie einen leichten Schärfekick.

1 Die Selleriestangen waschen, trocken tupfen und mit einem Messer die Fasern entfernen. 2 kleine Stängel mit Grün beiseitelegen. Die Stangen in Scheiben schneiden und in den Mixer geben. Die Petersilie waschen und trocken schütteln. Blättchen hacken und mit dem Sellerie und dem Wasser im Mixer kurz pürieren.

2 Die Gurke waschen, trocken reiben und rund herum wie einen Apfel schälen, sodass Spiralen entstehen, 2 beiseitelegen. Die Gurke grob würfeln und in den Mixer geben. Die Kiwis schälen und würfeln. Die Zitrone auspressen.

3 Kiwis und Zitronensaft mit den Eiswürfeln in den Mixer geben und auf höchster Stufe pürieren. Den Smoothie nach Geschmack mit Honig oder Stevia süßen, in 2 Gläser gießen, mit dem Selleriegrün garnieren und mit den Strohhalmen servieren.

Nährwerte pro Portion: kcal 43,5, EW 2 g, F 0,5 g, KH 7 g

Spinat-Ananas-Smoothie

Zutaten für 2 Portionen

40 g Babyspinat
200 ml ungesüßte Mandelmilch (4% Fett),
alternativ Reis- oder Vollmilch
60 ml Kokosnusswasser (Bio- oder Asienladen)
1 kleine, reife Ananas (Fruchtmenge ca. 200 g)
1 TL Kokosflocken
2–3 Eiswürfel
Honig oder Stevia nach Geschmack

Außerdem
2 dicke Strohhalme

Der Spinat kann durch Grünkohl, Mangold, Feld- oder Romanasalat ausgetauscht werden.

1 Die Spinatblätter waschen, trocken tupfen und in den Mixer geben. Mandelmilch (Reis- oder Vollmilch) und das Kokosnusswasser zufügen und kurz mixen.

2 Beide Enden der Ananas ca. 2 cm breit abschneiden. Für die Deko 2 Spalten mit Blatt vom Deckel abschneiden und beiseitelegen. Die Frucht auf eine Seite stellen und die Schale wegschneiden. Die Ananas vierteln, den holzigen Strunk in der Mitte wegschneiden. Die Frucht in kleine Stücke teilen und in den Mixer geben.

3 Kokosflocken und Eiswürfel hinzufügen und auf höchster Stufe pürieren. Den Smoothie nach Geschmack mit Honig oder Stevia süßen, in 2 Gläser gießen Die beiseitegelegten Ananasspalten einschneiden und die Gläser damit garnieren. Mit den Strohhalmen servieren.

Nährwerte pro Portion: kcal 182, EW 1,5 g,
F 8 g, KH 20,5 g

Mangold-Melone-Smoothie

Zutaten für 2 Portionen

40 g Mangold
200 ml ungesüßte Mandelmilch (4% Fett),
alternativ Reis- oder Vollmilch
1 kleine Honigmelone (Fruchtmenge ca. 200 g)
60 g grüne, kernlose Trauben
3–4 Eiswürfel
1 EL Kokosflocken
Honig oder Stevia nach Geschmack

Außerdem
2 Holzstäbchen
2 dicke Strohhalme

Mixen Sie statt der Kokosflocken ¼ TL abgeriebene Limettenschale und 3 EL Limettensaft in den Smoothie.

1 Die Mangoldblätter waschen, trocken tupfen, harte Stiele wegschneiden. Die Blätter klein schneiden, mit der Mandelmilch in den Mixer geben und kurz mixen.

2 Die Melone halbieren, die Kerne entfernen und mit einem Esslöffel das Fruchtfleisch aus der Schale heben. 2 Stückchen Melone beiseitelegen. Die Weintrauben waschen, gut abtropfen lassen. 2 Trauben beiseitelegen. Melonenstücke, Trauben und Eiswürfel in den Mixer füllen, Kokosflocken zufügen und auf höchster Stufe pürieren.

3 Den Smoothie nach Geschmack mit Honig oder Stevia süßen, in 2 Gläser gießen. Die beiseitegelegten Trauben und Melonenstücke auf die Holzstäbchen spießen und auf die Glasränder legen. Die Smoothies mit den Strohhalmen servieren.

Nährwerte pro Portion: kcal 108,5, EW 2,5 g, F 4 g, KH 11,5 g

Super-Smoothie

Zutaten für 2 Portionen

2 EL Chiasamen (Reformhaus)
60 g Babyspinat
25 g Mangoldblätter
1 Limette
50 ml Wasser
1 kleine Banane (Fruchtmenge ca. 120 g)
60 g Himbeeren
1 Stück Ingwerwurzel, ca. 2 cm
¼ TL gemahlener Kurkuma
2 EL Acaibeerenpulver (Reformhaus)
Honig oder Stevia nach Geschmack

Reich an Vital-
stoffen, die uns bei-
spielsweise nach dem
Sport mit viel Energie
versorgen.

Außerdem
2 essbare Blüten
2 dicke Strohhalme

1 Die Chiasamen in einem Schälchen mit etwas Wasser ca. 15 Minuten quellen lassen.

2 Spinat- und Mangoldblätter waschen, trocken schleudern. Stiele und Blattrippen wegschnei-den. Das Grün in Streifen schneiden und in den Mixer geben. Die Limette auspressen, 2 EL davon mit dem Wasser in den Mixer geben und auf höchster Stufe pürieren.

3 Die Banane schälen und in Scheiben schnei-den. Die Himbeeren vorsichtig abbrausen, gut abtropfen lassen. Den Ingwer schälen und sehr fein würfeln oder hacken. Bananenscheiben, Himbeeren und Ingwerwürfel in den Mixer ge-ben und nochmals auf höchster Stufe pürieren.

4 Die gequollenen Chiasamen, Kurkuma und Acaibeerenpulver in den Mixer geben und alles nochmals kräftig mixen. Smoothie nach Ge-schmack mit Honig oder Stevia süßen, in 2 Glä-ser gießen. Mit den Blüten garnieren und den Strohhalmen servieren.

Nährwerte pro Portion: kcal 295, EW 7 g, F 72 g, KH 29 g

Statt Chiasamen können Sie auch Leinsamen verwenden. Beide dicken den Smoothie schön sämig an.

Brokkoli-Apfel-Smoothie

Zutaten für 2 Portionen

60 g Brokkoli
1 grüner Apfel (Fruchtmenge ca. 150 g)
1 Zitrone
1 Prise frisch geriebener Muskat
200 ml ungesüßte Mandelmilch (4% Fett)
Honig oder Stevia nach Geschmack

Außerdem
2 dicke Strohhalme

1 Brokkoliröschen waschen und klein schneiden. Den Apfel waschen, trocken reiben, vierteln, Kerngehäuse entfernen und mit der Schale raspeln. Die Zitrone halbieren, eine Hälfte auspressen. Von der anderen Hälfte 2 Scheiben abschneiden und beiseitelegen.

2 Brokkoli, Apfel, Zitronensaft und Muskat in den Mixer geben, die Mandelmilch dazugießen und alles auf höchster Stufe pürieren.

3 Den Smoothie nach Geschmack mit Honig oder Stevia süßen, in 2 Gläser gießen. Die Zitronenscheiben bis zur Mitte durchschneiden, an die Glasränder stecken und die Smoothies mit den Strohhalmen servieren.

Tauschen Sie die Mandelmilch gegen 200 g Joghurt aus oder pürieren Sie den Smoothie mit 2 Kugeln Zitronensorbet.

Nährwerte pro Portion: kcal 62, EW 1 g, F 1,5 g, KH 10 g

Grüner Paprika-Smoothie

Zutaten für 2 Portionen

1 grüne Paprikaschote (Gemüsemenge ca. 180 g)
1 hellgrüne Spitzpaprikaschote (Gemüsemenge ca. 75 g)
150 ml Wasser
1 kleine Salatgurke (Gemüsemenge ca. 200 g)
1 Knoblauchzehe
1 Limette
½ TL Sambal Oelek oder Tabasco nach Belieben

Außerdem
2 Zweige Minze
2 dicke Strohhalme

1 Beide Paprikaschoten waschen, trocken reiben, halbieren, Trennwände wegschneiden und die Kerne entfernen. Die Schoten in Würfel schneiden. Mit dem Wasser im Mixer pürieren.

2 Die Salatgurke waschen, trocken reiben, schälen, halbieren, die Kerne mit einem Löffel herausnehmen, das Gurkenfleisch würfeln. Die Knoblauchzehe schälen und auspressen. Die Limette auspressen und den Saft mit den Gurkenwürfeln und dem Knoblauch in den Mixer geben. Alles auf höchster Stufe pürieren. Wer's scharf mag, mit Sambal Oelek oder Tabasco abschmecken.

3 Den Smoothie in 2 Gläser gießen. Mit den Minzezweigen garnieren und mit den Strohhalmen servieren.

Besonders viele Vitalstoffe und wenig Kalorien zeichnen diesen Smoothie aus.

Auch ¼ TL abgeriebene Schale von einer Bio-Zitrone oder gehackte Blättchen von je 3 Minze-, Dill- oder Korianderstängeln schmecken gut.

Nährwerte pro Portion: kcal 32, EW 2 g, F 0,5 g, KH 4,5 g

Grüne Brise mit Kiwi und Gurke

Zutaten für 2 Portionen

1 kleine Salatgurke (Gemüsemenge ca. 200 g)
1 Kiwi (Fruchtmenge ca. 50 g)
1 Stück Ingwerwurzel, ca. 1 cm
125 ml Kombucha-Tee
125 g Joghurt (1,5% Fett)
½ Bund Koriander
Honig oder Stevia nach Geschmack

Außerdem
2 kleine essbare Blüten
2 dicke Strohhalme

1 Die Salatgurke waschen, trocken reiben, schälen und würfeln. Die Kiwi schälen und klein schneiden. Beides in den Mixer geben.

2 Den Ingwer schälen und sehr fein hacken, mit dem Kombucha-Tee und dem Joghurt in den Mixer geben und alles auf höchster Stufe pürieren.

3 Den Koriander waschen und trocken schleudern. Die Blättchen abzupfen und hacken, in den Mixer geben und nochmals kurz alles durchmixen. Den fertigen Smoothie nach Geschmack mit Honig oder Stevia süßen, in 2 Gläser gießen, mit den Blüten garnieren und mit den Strohhalmen servieren.

Nährwerte pro Portion: kcal 58, EW 3 g, F 1 g, KH 10,5 g

Ingwer, Kiwi und Kombucha-Tee versorgen Sie fast zur Gänze mit dem täglichen Vitamin-C-Bedarf.

Sauerampfer-Birnen-Smoothie mit Banane

Zutaten für 2 Portionen

25 g junger Sauerampfer
50 ml Wasser
1 Banane (Fruchtmenge ca. 120 g)
1 kleine Birne (Fruchtmenge ca. 100 g)
8 Ananassafteiswürfel
Honig oder Stevia nach Geschmack

Außerdem
2 Stängel Basilikum
2 dicke Strohhalme

Sauerampfer können Sie im Sommer durch Brunnenkresse und im Herbst durch Grünkohl ersetzen.

Sauerampfer verleiht diesem Smoothie eine angenehm säuerliche Frische.

1 Die Sauerampferblätter waschen, trocken schleudern und die Stiele entfernen. Das Grün in Streifen schneiden und mit dem Wasser in den Mixer geben. Auf höchster Stufe pürieren.

2 Die Banane schälen und in Scheiben schneiden. Die Birne waschen, trocken reiben, vierteln und das Kerngehäuse entfernen. Die Viertel klein schneiden und mit den Bananenscheiben in den Mixer geben.

3 Die Ananassafteiswürfel zufügen und alles auf höchster Stufe pürieren, bis eine cremige Masse entstanden ist. Smoothie nach Geschmack mit Honig oder Stevia süßen, in 2 Gläser gießen, die Basilikumstängel hineinstecken und mit den Strohhalmen servieren.

Nährwerte pro Portion: kcal 101, EW 2 g, F 1 g, KH 21,5 g

Grüner Power-Smoothie

Zutaten für 2 Portionen

30 g Grünkohl
225 ml Orangensaft
2 Stangen Sellerie, ca. 80 g
1 reife Mango (Fruchtmenge ca. 200 g)
6 Stängel Petersilie
4 Stängel Minze
½ TL Chlorellapulver (Bioläden, Apotheke)
Honig oder Stevia nach Geschmack

Außerdem
2 dicke Strohhalme

Chlorellapulver wird aus getrockneten Süßwasseralgen gewonnen. Es gleicht Nährstoffmängel aus und entgiftet den Körper.

1 Die Grünkohlblätter waschen, trocken schleudern, Stiele und harte Rippen entfernen. Das Grün in Streifen schneiden und mit dem Orangensaft in den Mixer geben. Auf höchster Stufe pürieren.

2 Selleriestangen waschen und trocken tupfen, die Fasern mit einem scharfen Messer entfernen. Die Stangen in Scheiben schneiden. Die Mango waschen, trocken reiben und schälen, das Fruchtfleisch vom Kern schneiden. Petersilie und Minze abbrausen und trocken schleudern. 2 Stängel Petersilie beiseitelegen. Die Blättchen abzupfen und hacken.

3 Sellerie, Mango, Petersilie und Minze in den Mixer geben, Chlorellapulver zufügen und alles auf höchster Stufe pürieren, bis eine cremige Masse entstanden ist. Smoothie nach Geschmack mit Honig oder Stevia süßen, in 2 Gläser gießen, die Petersilienstängel hineinstecken und mit den Strohhalmen servieren.

Nährwerte pro Portion: kcal 80, EW 1,5 g, F 0,25 g, KH 19,5 g

Variieren Sie
und tauschen
Sie Kräuter aus, z. B.
Petersilie gegen Kori-
ander oder Minze
gegen Dill.

Spinat-Avocado-Smoothie

Zutaten für 2 Portionen

60 g Babyspinat
125 ml Orangensaft
1 kleine Gurke (Gemüsemenge ca. 75 g)
1 kleine, reife Avocado (Fruchtmenge ca. 75 g)
1 Kiwi
5 Stängel Minze
125 g Joghurt (1,5% Fett)
Honig oder Stevia nach Geschmack

Außerdem
2 dicke Strohhalme

Fügen Sie statt der Minze den Saft von 1 Limette zu und würzen Sie den Smoothie mit ¼ TL gemahlenem Kumin.

Die nahrhafte Avocado bietet wichtige Vitamine wie A, C und E und viele Inhaltsstoffe, die Haut und Haaren gut tun.

1 Die Spinatblätter waschen und trocken tupfen. Das Grün in Streifen schneiden und mit dem Orangensaft in den Mixer geben. Auf höchster Stufe pürieren.

2 Die Gurke waschen, schälen, halbieren, die Kerne entfernen und in Stücke scheiden. Die Avocado halbieren, den Kern entfernen, das Fruchtfleisch mit einem Löffel herauslösen und zerkleinern. Kiwi schälen und würfeln. Von 3 Minzestängeln die Blättchen abzupfen und hacken. 2 Minzestängel beiseitelegen. Gurke, Avocado, Kiwi und Minze in den Mixer geben und pürieren.

3 Den Joghurt zufügen und alles nochmals auf höchster Stufe pürieren, bis eine cremige Masse entstanden ist. Smoothie nach Geschmack mit Honig oder Stevia süßen, in 2 Gläser gießen, die Minzestängel hineinstecken und mit den Strohhalmen servieren.

Nährwerte pro Portion: kcal 100, EW 2,5 g.
F 4,5 g. KH 15 g

Grünkohl-Smoothie mit Kakao

Zutaten für 2 Portionen

30 g Grünkohl
200 ml ungesüßte Mandelmilch (4% Fett),
alternativ Reis- oder Vollmilch
1 Banane (Fruchtmenge ca. 120 g)
1 kleine, reife Avocado (Fruchtmenge ca. 75 g)
1 TL Maquibeerenpulver (Bioläden)
1 EL Kakao
1 EL Schokoraspel
Honig oder Stevia nach Geschmack

Außerdem
2 Stängel Zitronenmelisse
2 dicke Strohhalme

1 Die Grünkohlblätter waschen, trocken schleudern. Stiele und harte Rippen entfernen. Das Grün in Streifen schneiden und mit der Mandelmilch, (Reis- oder Vollmilch) in den Mixer geben. Auf höchster Stufe pürieren.

2 Die Banane schälen und in Scheiben schneiden. Die Avocado halbieren, den Kern entfernen, das Fruchtfleisch mit einem Löffel herauslösen, zerkleinern und mit den Bananenscheiben in den Mixer geben.

3 Das Maquibeerenpulver, Kakao und Schokoraspel zufügen und alles auf höchster Stufe pürieren, bis eine cremige Masse entstanden ist. Smoothie nach Geschmack süßen, in 2 Gläser gießen, mit der Zitronenmelisse garnieren und mit den Strohhalmen servieren.

Nährwerte pro Portion: kcal 155, EW 3 g,
F 3,5 g, KH 18,5 g

Maquibeerenpulver kann durch Acaibeerenpulver ersetzt werden. Beide Früchte stammen aus Südamerika.

Grüner Traum

Zutaten für 2 Portionen

60 g Babyspinat
75 ml Orangensaft
30 g gefrorene Ananas
40 g gefrorene oder frische Himbeeren
1 kleiner Pfirsich (Fruchtmenge ca. 120 g)
2 Stängel Minze
3 Eiswürfel
Honig oder Stevia nach Geschmack

Außerdem
2 Holzstäbchen
2 dicke Strohhalme

Der Spinat kann durch Grünkohl, Mangold, Feld- oder Romanasalat ausgetauscht werden.

Den anpassungsfähigen und gesunden Spinat kann man mit allen Früchten kombinieren.

1 Den Spinat waschen. Die Blätter trocken schleudern und die Stiele entfernen. Das Grün in Streifen schneiden und mit dem Orangensaft in den Mixer geben. Auf höchster Stufe pürieren.

2 Die gefrorenen Früchte auftauen. Die frischen Himbeeren vorsichtig abbrausen, gut abtropfen lassen. 6 besonders schöne Früchte beiseitelegen. Pfirsich waschen, trocken reiben, aufschneiden und den Kern entfernen. Das Pfirsichfleisch in grobe Stücke schneiden.

3 Die Minze waschen und trocken schütteln. Die Blättchen abzupfen und mit Früchten und den Eiswürfeln in den Mixer geben. Alles auf höchster Stufe pürieren, bis eine cremige Masse entstanden ist. Smoothie nach Geschmack mit Honig oder Stevia süßen, in 2 Gläser gießen. Je 3 Himbeeren auf die Holzstäbchen spießen, auf die Glasränder legen und mit den Strohhalmen servieren.

Nährwerte pro Portion: kcal 55, EW 1 g, F 0 g, KH 22 g

Wenn Sie
die Gläser vor
Gebrauch 30 Minu-
ten in den Kühlschrank
stellen, bleibt der
Smoothie länger
kalt.

Wilder Löwe

Zutaten für 2 Portionen

30 g junger Löwenzahn
175 ml Kokosnusswasser (Bio- oder Asienladen)
1 kleine reife Avocado (Fruchtmenge ca. 40 g)
40 g Blaubeeren
1 EL Sonnenblumenkerne
½ TL Chlorellapulver (Bioläden)
1 TL Kakao
3 Eiswürfel
Honig oder Stevia nach Geschmack

Außerdem
2 Holzstäbchen
2 dicke Strohhalme

Angebauter Löwenzahn ist bedeutend milder und weniger bitter als der selbst gepflückte.

Die Avocado kann durch eine kleine Banane ersetzt werden. Wem Löwenzahn zu bitter ist, nimmt Babyspinat.

1 Die Löwenzahnblätter waschen und trocken tupfen, Stiele und Längsrippen entfernen. Das Grün in Streifen schneiden und mit dem Kokosnusswasser in den Mixer geben. Auf höchster Stufe pürieren.

2 Die Avocado aufschneiden, den Kern herausheben, mit einem Löffel das Fruchtfleisch herauslösen und zerkleinern. Die Blaubeeren waschen, gut abtropfen lassen. 6 besonders schöne Früchte beiseitelegen. Avocado, Blaubeeren und Sonnenblumenkerne in den Mixer geben und auf höchster Stufe mixen.

3 Chlorellapulver und Kakao mit den Eiswürfeln zufügen und alles nochmals auf höchster Stufe pürieren, bis eine cremige Masse entstanden ist. Smoothie nach Geschmack mit Honig oder Stevia süßen, in 2 Gläser gießen. Die beiseitegelegten Blaubeeren auf die Holzstäbchen spießen, über die Glasränder legen und mit den Strohhalmen servieren.

Nährwerte pro Portion: kcal 110, EW 5 g, F 5 g, KH 13,5 g

Rucola-Smoothie mit Birne

Zutaten für 2 Portionen

40 g Rucola
150 ml eisgekühlter Apfelsaft
1 Birne (Fruchtmenge ca. 200 g)
1 EL frisch gepresster Zitronensaft
1 EL getrocknete Gojibeeren (Bioladen)
1 EL Sonnenblumenkerne
Honig oder Stevia nach Geschmack

Außerdem
2 dicke Strohhalme

1 Rucola waschen und trocken tupfen. Das Grün in Streifen schneiden und mit dem Apfelsaft in den Mixer geben. Auf höchster Stufe pürieren.

2 Die Birne waschen und trocken reiben. Die Frucht vierteln und das Kerngehäuse entfernen. 2 Scheiben von der Birne abschneiden, beiseitelegen und den Rest in grobe Stücke schneiden. Die Birne mit dem Zitronensaft in den Mixer geben.

3 Die Gojibeeren mit den Sonnenblumenkernen ebenfalls in den Mixer geben und alles auf höchster Stufe pürieren, bis eine cremige Masse entstanden ist. Smoothie nach Geschmack mit Honig oder Stevia süßen, in 2 Gläser gießen. Die beiseitegelegten Birnenscheiben einschneiden, die Gläser damit garnieren und mit den Strohhalmen servieren.

Nährwerte pro Portion: kcal 158,5, EW 4 g, F 5 g, KH 21,5 g

Die Gojibeeren können durch Rosinen ersetzt werden.

Gojibeeren stammen aus China. Immunsystem, Augen und Gedächtnis profitieren von ihren mehr als 20 Vitaminen und Mineralstoffen.

ABBA-Smoothie

Zutaten für 2 Portionen

150 ml eisgekühlter Ananassaft
30 g Brunnenkresse
1 Birne (Fruchtmenge 200 g)
1 kleine, reife Avocado (Fruchtmenge ca. 75 g)
1 kleine, reife Ananas (Fruchtmenge ca. 200 g)
5 Grüner-Tee-Eiswürfel
Honig oder Stevia nach Geschmack

Außerdem
2 dicke Strohhalme

Geben Sie statt der Eiswürfel eine Kugel Zitronensorbet dazu; die frische Säure tut im Sommer besonders gut.

1 Den Ananassaft in den Mixer geben, die Brunnenkresse waschen und trocken tupfen. Das Grün in Streifen schneiden und zum Saft geben. Auf höchster Stufe pürieren.

2 Die Birne waschen und trocken reiben. Die Frucht vierteln, das Kerngehäuse entfernen. 2 Scheiben von der Birne abschneiden, beiseitelegen. Den Rest in grobe Stücke schneiden. Die Avocado halbieren, den Kern entfernen, das Fruchtfleisch mit einem Löffel herauslösen und zerkleinern. Birne und Avocado in den Mixer geben und auf höchster Stufe pürieren

3 Beide Enden der Ananas ca. 2 cm breit abschneiden. Für die Deko 2 Stücke mit Blatt vom Deckel abschneiden und beiseitelegen.

Die Frucht auf eine Seite stellen und die Schale rundherum gut abschneiden, sodass keine Schalenreste zurückbleiben. Die Ananas vierteln, den holzigen Strunk in der Mitte wegschneiden und entfernen. Das Fruchtfleisch in kleine Stücke schneiden und mit den Eiswürfeln in den Mixer geben.

4 Alles auf höchster Stufe pürieren, bis eine cremige Masse entstanden ist. Smoothie nach Geschmack mit Honig oder Stevia süßen und in 2 Gläser gießen. Die beiseitegelegten Birnenscheiben und Ananasstückchen einschneiden, an die Glasränder stecken und die Smoothies mit den Strohhalmen servieren.

Nährwerte pro Portion: kcal 228,5, EW 2 g, F 7,5 g, KH 37 g

Die tolle Vital-
stoffkombination
von **A**nanas, **B**runnen-
kresse, **B**irne und **A**vo-
cado bringt Sie fit und
munter durch den
ganzen Tag.

Starker Hans

Zutaten für 2 Portionen

25 g junger Grünkohl
125 ml Kokosnusswasser (Bio- oder Asienladen)
1 kleine Gurke
30 g Blaubeeren
1 kleine, reife Avocado (Fruchtmenge ca. 75 g)
1 kleine Banane (Fruchtmenge ca. 60 g)
1 Prise gemahlener Zimt
Honig oder Stevia nach Geschmack

Außerdem
Minzeblättchen
2 dicke Strohhalme

Grünkohl mit seinem hohen Kalziumgehalt und Vitamin K sorgt für einen gesunden Knochenbau.

1 Die Grünkohlblätter waschen und trocken schleudern, Stiele und harte Rippen entfernen. Das Grün in Streifen schneiden und mit dem Kokosnusswasser in den Mixer geben. Auf höchster Stufe pürieren.

2 Die Gurke waschen, trocken reiben, schälen, halbieren und mit einem Löffel die Kerne entfernen. Dann in Würfel schneiden und in den Mixer zum Grünkohl geben.

3 Die Blaubeeren waschen, gut abtropfen lassen. Die Avocado halbieren, den Kern entfernen. Mit einem Löffel das Fruchtfleisch herauslösen und zerkleinern. Die Banane schälen und in Scheiben schneiden, mit Avocado und Blaubeeren in den Mixer geben.

4 Den Zimt zufügen und alles auf höchster Stufe pürieren, bis eine cremige Masse entstanden ist. Smoothie nach Geschmack mit Honig oder Stevia süßen, in 2 Gläser gießen, mit den Minzeblättchen garnieren und mit den Strohhalmen servieren.

Nährwerte pro Portion: kcal 113, EW 1,5 g, F 6,5 g, KH 6 g

Grünkohl
kann durch
Spinat oder
Mangold ersetzt
werden.

10 Smoothie-Tipps

Eiswürfel aus aromatischen Flüssigkeiten wie Kokosmilch, Kokosnusswasser, verschiedene Tees, Orangen-, Ananas- oder Apfelsaft etc. sorgen für kühle Smoothies. Diese Flüssigkeiten einfach in einen Eiswürfelbehälter gießen und einfrieren. Bei Bedarf würfelweise entnehmen.

Früchte einfrieren Geschälte und in Scheiben geschnittene Früchte wie Papayas, Mangos, Apfel, Birne, Aprikosen, Pflaumen, Pfirsiche, Kiwi, Ananas sowie alle Beeren, lassen sich gut einfrieren und portionsweise in kleinen Gefrierbeuteln im Gefrierfach ca. 4 Wochen lagern. So sind sie immer einsatzbereit und kühlen den Smoothie, ohne ihn zu verwässern. Das gilt auch für Gemüse wie Paprika, Brokkoli und Gurke. Natürlich können Sie auch von vorneherein tiefgefrorenes Gemüse verwenden.

Getrocknete Früchte oder auch Nüsse und Samen, die durch lange Lagerung zu trocken geworden sind und sich nicht richtig pürieren lassen, weichen Sie am besten vorher in Wasser ein. Bei Früchten reichen 15–20 Minuten, Nüsse und Samen brauchen etwa 6–8 Stunden.

Gewürze wie Zimt, Muskat, Kurkuma & Co. geben Smoothies nicht nur einen besonderen Kick, sondern sind auch sehr gesund, z. B. soll Zimt den Blutzucker- und den Cholesterinspiegel senken und Muskat verdauungsfördernd und stimmungs-aufhellend wirken. Kurkuma wiederum soll gut sein für Leber und Herz und das Immunsystem unterstützten.

Kein Apfel ist wie der andere, was seinen Geschmack, seine Größe oder seine Farbe betrifft. Und auch manche Banane ist süßer als die andere, ebenso unterscheidet sich Spinat, der im Frühjahr wächst, von dem, der im Herbst geerntet wird. Schmecken Sie deshalb einen Smoothie immer ab, bevor Sie ihn ins Glas gießen und geben Sie eventuell noch etwas Flüssigkeit, Honig oder auch einige Nüsse dazu, um die Konsistenz und den Geschmack auszubalancieren.

Kokosmilch in Dosen gibt es heute in jedem Supermarkt, gesüßt und ungesüßt, allerdings immer mit relativ hohem Fettanteil, nämlich 20 %. In Asiamärkten hingegen bekommt man sie auch im Tetrapak mit nur 6 % Fettgehalt. Sie ist dann weniger cremig, aber auch homogener, ähnlich wie Vollmilch.

Mandelmilch kann man auch selber machen: 200 g geschälte Mandeln mit Wasser bedecken und über Nacht quellen lassen. Das Wasser abgießen und die Mandeln mit 1 Liter heißem Wasser in den Mixer geben. So lange pürieren, bis eine weiße Flüssigkeit ohne Stückchen entsteht. Eine Schüssel mit einem Tuch auslegen. Die Flüssigkeit durch ein Sieb in die Schüssel gießen und das Tuch gut ausdrücken. Fertig ist die Mandelmilch. Sie hält sich im Kühlschrank etwa 1 Woche.

Nüsse sollten Sie möglichst immer selbst mahlen. Verwenden Sie am besten geschälte und unbedingt ungesalzene Mandeln, Haselnüsse, Macademianüsse, Erdnüsse oder Cashewnüsse. Nicht so gut geeignet für Smoothies sind Walnüsse, Pecannüsse und Paranüsse. Weil Nüsse wegen ihres hohen Fettgehalts schnell ranzig werden, bewahrt man nicht gleich verwertete Vorräte am besten im Tiefkühlfach auf.

Stevia ist ein süßender Pflanzenextrakt, der deshalb so ideal ist, weil er keine Kalorien hat und auch von Diabetikern verwendet werden darf. Stevia wird sparsam eingesetzt, weil es etwa acht Mal so süß ist wie Zucker und leicht bitter schmeckt, wenn zu viel davon genommen wird.

Superfoods: Maca, Chlorella, Acaibeeren, Gojibeeren, Maquibeeren gehören zu den so genannten Superfoods, weil sie besonders viele Vitalstoffe in sehr hoher Konzentration enthalten. Sie stammen aus Asien und Südamerika und sind bei uns leider nur in Pulverform oder getrocknet erhältlich. Sie können sie Ihrem Geschmack entsprechend in jedem Smoothie verwenden und bekommen eine Extraportion Gesundheit. Sie sind aber kein Muss.

Rezeptregister

Bezugsquellen

Falls Sie insbesondere die Superfoods nicht im Laden erhalten, können Sie sie auch über den Onlinehandel beziehen.

www.smoothie-mixer.de

www.lifefood.de

www.superfoodforyou.de.

www.acaipur.de

www.zentrum-der-gesundheit.de/maca.html

www.chlorella-und-spirulina.de

www.gojibeeren-tibet.de

www.reformhaus-shop.de/maqui-pulver

www.tausendkraut.com/maqui-pulver

Der Verlag weist ausdrücklich darauf hin, dass die im Buch enthaltenen externen Links vom Verlag nur bis zum Zeitpunkt der Buchveröffentlichung eingesehen werden konnten. Auf spätere Veränderungen hat der Verlag keinerlei Einfluss. Eine Haftung des Verlags für externe Links ist stets ausgeschlossen.

ISBN: 978-3-8094-3446-7

7. Auflage 2016

© 2015 by Bassermann Verlag, einem Unternehmen der Verlagsgruppe Random House GmbH, Neumarkter Str.28, 81673 München

Umschlaggestaltung und Innenlayout: Atelier Versen, Bad Aibling

Fotos: Karl Newedel, München

Bildredaktion: Sabine Kestler

Redaktion: Nina Andres, München

Projektleitung: Birte Schrader

Herstellung: Reinhard Soll

Satz: Lore Wildpanner

Reproduktion: Regg Media, München

Druck und Verarbeitung: Neografia, Martin

Printed in Slovakia

MIX
Papier aus verantwortungsvollen Quellen
FSC® C020353

Verlagsgruppe Random House FSC® N001967

Das für dieses Buch verwendete FSC®-zertifizierte Papier *Profisilk* wurde produziert von Sappi Stockstadt.